MAYO DEL 68

De la revuelta estudiantil a la crisis nacional

Por Emilie Comes
Traducido por Laura Soler Pinson

Historia en50MINUTOS.es

MAYO DEL 68

- **¿Cuándo?** Del 22 de marzo al 30 de junio de 1968.
- **¿Dónde?** En toda Francia y, en particular, en París.
- **¿Contexto?**
  - El inicio de la Quinta República.
  - El auge de la sociedad de consumo.
- **¿Principales protagonistas?**
  - Charles de Gaulle, hombre de Estado francés (1890-1970).
  - Georges Pompidou, hombre de Estado francés (1911-1974).
  - Daniel Cohn-Bendit, político alemán (nacido en 1945).
- **¿Repercusiones?** La profunda transformación de la sociedad francesa y la crisis de los antiguos valores.

«Bajo los adoquines, la playa», «Corre, camarada, el viejo mundo está detrás de ti» o «Desabrocha tu cerebro tan a menudo como tu bragueta» son eslóganes subversivos que, todavía a día de hoy, simbolizan las protestas y reivindicaciones de los estudiantes durante la revuelta que tuvo lugar en el mes de mayo de 1968 en Francia. La juventud francesa se asfixia al no tener perspectivas laborales y al sentirse atrapada en una sociedad patriarcal, jerarquizada y dirigida con mano de hierro por el general de Gaulle.

Los movimientos de protesta empiezan el 22 de marzo en la Universidad de Nanterre, se propagan rápidamente por las universidades parisinas y terminan por alcanzar a los obreros de las grandes plantas, que se han visto excluidos del crecimiento económico de los años sesenta. Rápidamente, esta revuelta política, social y cultural se transforma en una crisis nacional. El movimiento, que surge de la ira de los estudiantes, se convierte en la expresión violenta de un malestar social provocado por el desgaste del poder, el auge de la sociedad de consumo y el aumento del desempleo.

La rebelión va perdiendo fuerza a partir del final de la huelga general del 30 de mayo y termina con la victoria de la dere-cha en el poder en las elecciones a la Asamblea del 23 y 30 de junio. Aun así, este acontecimiento desencadena profundas repercusiones sociales y políticas que se encuentran en la base de la crisis de los antiguos valores y, a principios de los años setenta, de la sociedad moderna tal y como la conoce-mos ahora.

CONTEXTO

EL GENERAL DE GAULLE, UNA FIGURA CENTRAL CRITICADA

El general Charles de Gaulle, al que la opinión pública considera el salvador de una Francia oprimida durante la Segunda Guerra Mundial (1939-1945), se retira de la escena política tras la derrota de su partido, el RPF, Rassemblement du peuple français («Unión del Pueblo Francés»), en las elecciones de 1953. Sin embargo, su retirada no dura mucho. A partir del mes de mayo de 1958, se le trae de vuelta al poder para intentar solucionar la guerra de independencia que ha estallado cuatro años antes en Argelia (colonia francesa desde 1830) y que ha precipitado el final de una Cuarta República (1946-1958) incapaz de poner punto final al conflicto. Con de Gaulle se aprueba por referéndum nacional una nueva Constitución que origina el nacimiento de la Quinta República, al tiempo que refuerza el poder ejecutivo del jefe del Estado.

Elegido oficialmente como presidente en 1959, inicia la descolonización total de Argelia, que concluye en 1962 con los Acuerdos de Evian, lo que marca el final de la crisis. Sin embargo, las represiones sangrientas que lleva a cabo tanto en Francia como en Argelia y el control absoluto que ejerce sobre los medios de comunicación marcan profundamente a la gente y contribuyen a mermar la imagen del general. En las elecciones de 1965, una parte del electorado, cansado por el ejercicio total y demasiado personal de su poder, dirige su mirada hacia su adversario político de la época,

François Mitterrand (1916-1996), pero esto no impide que el presidente saliente gane en la segunda vuelta. Sin embargo, no se trata de una victoria completa, puesto que los gaullistas obtienen la mayoría en la Asamblea por un único escaño, lo que indica el desgaste del poder.

Retrato de François Mitterrand de 1984.

Tras su reelección, el general quiere garantizar la independencia de Francia en el ámbito de la política exterior. Durante la década de los sesenta, provee al país con armamento nuclear y abandona la OTAN para escapar a la influencia de Estados Unidos. A partir de ese momento, Francia puede convertirse en un actor europeo importante a nivel internacional.

LOS TREINTA GLORIOSOS Y LA RECUPERACIÓN ECONÓMICA

La vuelta del general de Gaulle a la cabeza del Estado coincide con el período de los Treinta Gloriosos (1946-1975), que se caracterizan por una recuperación económica global iniciada tras la Segunda Guerra Mundial y que provoca una reactivación del crecimiento en muchos países europeos. Aprovechando este viento a favor en el ámbito económico, el presidente comienza a sanear las finanzas del Estado desde su primer mandato y ordena que el Gobierno se encargue de gestionar el desarrollo de su país mediante diversos proyectos, como la política de grandes obras, entre las que se encuentra la construcción del túnel del Mont Blanc, que une Francia e Italia, inaugurado en 1965.

La creación de un mercado común, que establece una unión económica y aduanera entre los países de Europa, también permite dinamizar el comercio y el crecimiento, que se deben a las grandes plantas de producción. La acción conjunta del presidente francés y de Europa proporciona una base sólida para la economía francesa, aunque el plan de estabilización que implementa el ministro de Economía, Valéry Giscard d'Estaing (nacido en 1926), para luchar contra la inflación de los precios genera una recesión económica entre 1964 y 1966. La situación se mantendrá así hasta finales de los años sesenta y provoca el descontento de una parte de los asalariados, acostumbrados a que sus ingresos y su consumo aumenten con frecuencia.

UNA SOCIEDAD EN PLENA TRANSFORMACIÓN

Aunque se desacelera el crecimiento económico a finales de los años sesenta, este permite que se creen nuevos modos de vida y nuevas clases sociales. Los directivos y los empleados ven cómo aumenta su nivel de vida, y esto les permite entrar de lleno en la sociedad de consumo. La televisión, que explota esta evolución, emite los primeros anuncios en los llamados programas patrocinados, es decir, financiados en parte por empresas que, a cambio, buscan visibilidad. Por su parte, los periódicos y la radio pregonan las virtudes de los nuevos productos que supuestamente aportan felicidad al hombre y facilitan la vida al ama de casa.

Esta sociedad, que está en plena transformación, vive un brusco aumento de la natalidad con el *baby boom* de la posguerra, que se extiende hasta 1965. Los primeros bebés de esta generación, que nacen justo después de la Segunda Guerra Mundial, alcanzan la edad adulta a finales de los años sesenta e ingresan todos a la vez en el mercado de trabajo. Sin embargo, no hay tantos puestos libres y asistimos a un aumento inédito de la tasa de desempleo. Estos jóvenes adultos, educados por la Iglesia, la escuela y la familia, apenas se reconocen en los modos de vida y en las mentalidades consumistas asociadas a las clases medias y altas, e intentan buscar su sitio en una sociedad tradicional, paternalista y jerarquizada.

LOS OLVIDADOS DEL CRECIMIENTO ECONÓMICO

El crecimiento, que favorece un auge significativo del nivel de vida, también tiene su grupo de olvidados y de sacrificados. Para producir más objetos que la sociedad de consumo ha convertido en vitales para el individuo, las fábricas aumentan su rendimiento e incrementan así la presión ejercida sobre sus empleados. A partir de ese momento, se intensifica el ritmo de trabajo de la clase obrera, se produce una división de sus tareas y se amplían los horarios de producción. Pero los obreros, vinculados a los valores tradicionales del trabajo, quieren seguir produciendo en condiciones decentes, cercanas a la artesanía, y no se reconocen de ningún modo en los nuevos valores que predica el empresariado, a los que consideran una amenaza.

En cuanto a la juventud y, más en particular, a la población estudiantil, también forma parte de los olvidados. El aumento de la demografía y las aspiraciones de la nueva generación llevan cada vez a más jóvenes a las universidades. Su deseo es romper con la sociedad y las tradiciones de sus padres, formándose en profesiones científicas e intelectuales que requieren varios años de estudios superiores. Sin embargo, las universidades no están preparadas para tanta afluencia. En París, las dependencias de la Universidad de la

Sorbona y el número de profesores contratados no bastan para acoger a los estudiantes. Entonces, se construye a toda prisa un edificio anexo en mitad de las chabolas de Nanterre para la apertura oficial de la Facultad de Letras y Ciencias Humanas en 1964; aquí empezará el movimiento del Mayo francés. Para frenar la falta de profesores universitarios, se contrata a profesores de instituto para que impartan las clases con el estatus de asistente. Estos tienen que lidiar con una juventud perdida, que se amontona en edificios precarios y que sufre de frente la miseria y el desprecio de sus mayores. Sin perspectivas y sin ayuda, la ira empieza a colarse entre las filas de estudiantes. La revuelta está a punto de estallar.

CHARLES DE GAULLE, HOMBRE DE ESTADO FRANCÉS

Retrato de Charles de Gaulle en 1961.

La Primera Guerra Mundial

Charles de Gaulle nace el 22 de noviembre de 1890 en Lille, en el norte de Francia. Sigue una formación militar en la escuela de Saint-Cyr entre 1909 y 1912 y se enrola en el 33.º regimiento de infantería de Arras, a las órdenes del coronel Pétain (mariscal de Francia y hombre de Estado francés, 1856-1951).

Durante la Primera Guerra Mundial (1914-1918), se moviliza a Charles de Gaulle junto con sus hermanos. Resulta herido en tres ocasiones y, finalmente, es dado por muerto en el campo de batalla en Verdun. Es capturado por los alemanes, quienes se lo llevan a Alemania, y no es liberado hasta el final de la guerra. Cuando regresa, es enviado en misión a Polonia entre 1919 y 1921 para participar en la formación de un ejército que logra frenar los avances del Ejército Rojo.

Oficial y teórico

En 1921, vuelve junto a su familia, se casa y tiene varios hijos. Por otra parte, es profesor en Saint-Cyr, se incorpora a la Escuela Superior de Guerra y realiza numerosas prácticas. Tras una estancia de dos años en el Líbano, finalmente es trasladado de 1931 a 1937 a la Secretaría General del Consejo Superior de la Defensa Nacional, en París. Se abre un momento propicio para Charles de Gaulle: empieza a destacar por sus diversos escritos publicados sobre las teorías militares. Accede al rango de coronel en 1937 y toma las riendas del 507.º regimiento de tanques en Metz.

El hombre del 18 de junio

A continuación, es nombrado comandante de los tanques del 5.º ejército cuando se producen las declaraciones de guerra de Francia e Inglaterra a Alemania el 3 de septiembre de 1939. Se convierte en comandante de la 4.ª división de blindados y destaca en varias batallas antes de ser investido subsecretario de Estado para la Defensa Nacional y la Guerra el 5 de junio de 1940. Mientras intenta coordinar una acción conjunta de Francia y de Inglaterra contra Alemania, dimite el presidente del Consejo y es sustituido por el mariscal Pétain, que se da prisa en pedir el armisticio a Hitler (1889-1945). Esto provoca la expulsión de Charles de Gaulle del Gobierno. Entonces, el general huye de la Francia ocupada y se refugia en Inglaterra, desde donde continúa su lucha. Lanza su famoso llamamiento a través de la BBC el 18 de junio de 1940, en el que insta a los franceses a que sigan resistiendo ante el enemigo. Se convierte en el dirigente de la Francia libre y organiza las acciones de la Resistencia hasta la Liberación.

Presidente del Gobierno provisional

En 1945, de Gaulle se convierte en presidente del Gobierno provisional, puesto del que dimite el 20 de enero de 1946 por un profundo desacuerdo con los partidos. En 1947, crea un nuevo partido político que cosecha un cierto éxito: el RPF. El general quiere promover la separación clara de los poderes, acompañada por un ejecutivo fuerte, punta de lanza de una profunda transformación constitucional. Sin embargo, debido a la oposición general que despierta su acción, de Gaulle se ve obligado a abandonar progresivamente su partido. A esto le seguirá un largo periodo en la sombra que durará hasta 1958. Durante estos años, redacta sus memorias.

La Quinta República: una «cierta idea de Francia»

El presidente francés René Coty (1882-1962) llama a Charles de Gaulle para que vuelva a la escena política en mayo de 1958, dada la incapacidad del Gobierno para solucionar el conflicto surgido con la descolonización de Argelia. Así, se le autoriza a formar un gobierno provisional para dirigir Francia durante un período de seis meses, en los que puede llevar a cabo su reforma constitucional. La nueva Constitución, que funda la Quinta República, es adoptada por referéndum el 28 de septiembre de 1958, y Charles de Gaulle se convierte en su primer presidente.

Su acción permite poner punto final a la guerra de Argelia a través de la firma de los Acuerdos de Evian el 22 de marzo de 1962, que reconocen la independencia del país. Por otra parte, toma varias medidas que permiten que Francia entre en la Comunidad Económica Europea y se sitúe en el mapa de la competencia internacional.

Tras el atentado del Petit-Clamart, planeado por la Organización del Ejército Secreto (OAS por sus siglas en francés), Charles de Gaulle propone un referéndum para modificar la elección del presidente de la República, ya que quiere que el jefe del Estado sea elegido por sufragio universal directo. Tras la victoria del sí, se organiza en 1965 la primera elección del presidente mediante sufragio universal. En un primer momento, Charles de Gaulle no sabe si se presentará. Sin embargo, tras una primera vuelta en la que ningún candidato obtiene mayoría absoluta, pasa a la segunda vuelta y gana a François Mitterrand (1916-1996).

La crisis de Mayo del 68 y la salida del general de Gaulle

En pleno crecimiento económico durante los Treinta Gloriosos, Francia se moderniza, pero la sociedad se queda estancada en sus antiguos modelos. Las protestas que surgen de los estudiantes y que, a continuación, se extienden a los obreros, paralizan Francia durante dos meses. Para intentar sofocarlas, de Gaulle emplea la fuerza con una juventud a la que no entiende. Se abre una brecha entre una generación entera y él, pero gracias a la actuación de su primer ministro, Georges Pompidou, logra terminar con esta huelga nacional y tomar las medidas necesarias para solucionar los diversos problemas que agitan la sociedad. Charles de Gaulle, profundamente marcado por que se discuta su autoridad, organiza un referéndum el 27 de abril de 1969 sobre la descentralización de los poderes y la reforma del Senado. Tal y como había anunciado previamente, la victoria del no conlleva su dimisión inmediata. Entonces, se retira a su casa de Colombey-les-Deux-Églises, donde solo tiene tiempo de terminar el primer tomo de sus *Memorias* antes de fallecer el 9 de noviembre de 1970.

GEORGES POMPIDOU, HOMBRE DE ESTADO FRANCÉS

Retrato de Georges Pompidou en 1969.

Un encuentro determinante

Georges Pompidou nace el 5 de julio de 1911 en Montboudif (Auvernia). Entra en la Escuela Normal Superior en 1931, de donde sale como catedrático en Letras en 1934. Además, obtiene un diploma de la Escuela Libre de Ciencias Políticas.

Su encuentro con el general de Gaulle resulta determinante para él. Se incorpora al gabinete del general para los asuntos de educación en septiembre de 1944 y se convierte en un estrecho colaborador del presidente. Cuando el general se retira en 1946, Georges Pompidou entra en el Consejo de Estado, pero se mantiene fiel a su amigo. De 1948 a 1953, está a la cabeza del gabinete de de Gaulle, fundador del RPF. A continuación, se aparta durante un tiempo de la vida política para entrar en el mundo de las finanzas y de la economía. La experiencia que adquiere, en especial en el banco Rothschild, le permitirá dominar a la perfección las cuestiones económicas nacionales que se presentarán ante él en sus futuras funciones.

Un papel en primera línea al final de la Cuarta República

Cuando el general de Gaulle vuelve al poder en 1958, llama a Georges Pompidou para que colabore con él y lo nombra jefe de su gabinete para preparar conjuntamente la Quinta República. Entonces, Georges Pompidou debe ocuparse de la recuperación económica de Francia y empezar la redacción de la nueva Constitución. Una vez que se ha instaurado la nueva República, el hombre fuerte del presidente vuelve al mundo de la empresa y de las finanzas sin que eso signifique que se desliga realmente de su papel junto al general.

El hombre fuerte de de Gaulle

En 1962, el presidente de Gaulle vuelve a llamarlo. Esta vez, quiere que se convierta en su primer ministro y que suceda en el cargo a Michel Debré (1912-1996). Georges Pompidou, que jamás ha efectuado un mandato oficial, ocupa el puesto durante seis años —todo un récord—, dedicándose sin descanso a cuestiones económicas y sociales. Muestra mucho interés por las cuestiones relativas a los avances técnicos e industriales, que no deben hacerse en detrimento de los trabajadores y de la sociedad. Respaldado por su experiencia profesional, inicia la renovación de Francia y le concede de nuevo un papel económico e industrial importante en la escena internacional.

Cuando se desarrollan los acontecimientos de Mayo del 68, Georges Pompidou afronta la crisis tomando medidas rápidas y eficaces. Organiza una reunión con los sindicatos, que llevará a la firma de los Acuerdos de Grenelle y a la vuelta progresiva al trabajo en las fábricas. Su serenidad y su forma de actuar le permiten llevar la derecha de de Gaulle a la victoria en las elecciones legislativas y garantizar el poder del presidente.

Presidente de la República

Tras la marcha del general, Georges Pompidou resulta elegido presidente de la República el 15 de junio de 1969. Entonces, instaura una serie de medidas eficaces cuyo objetivo es activar la industria y la economía a través de las inversiones a largo plazo en grandes obras como las líneas del TGV (tren de alta velocidad francés), las autopistas e, incluso, la modernización de París. Su mandato también se ve marcado por el nuevo impulso que da a la Comunidad Europea, aceptando la integración de nuevos países como Inglaterra. La crisis del petróleo de 1973 es un golpe duro para la presidencia, que se enfrenta a graves dificultades económicas.

El mandato del presidente se ve interrumpido por su fallecimiento el 2 de abril de 1974, como consecuencia de una enfermedad que había padecido con discreción durante varios años.

DANIEL COHN-BENDIT, POLÍTICO ALEMÁN

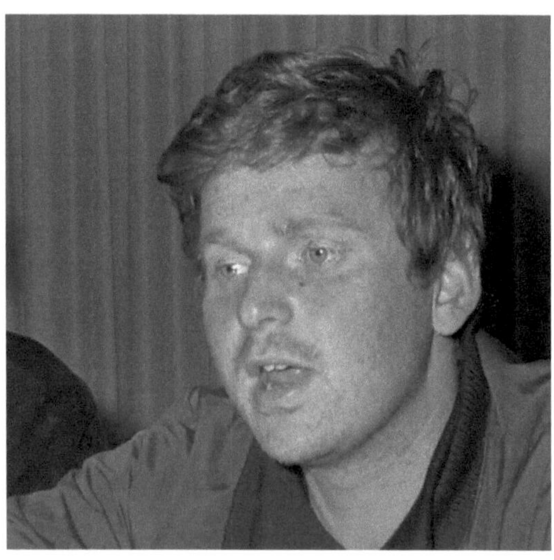

Retrato de Daniel Cohn Bendit en 1968.

Un estudiante activista

Daniel Cohn-Bendit nace el 4 de abril de 1945 en Montauban (Francia), hijo de padres judíos alemanes que habían huido del régimen nazi. En 1958, vuelve junto a sus padres, que han regresado a Alemania, y un año más tarde escoge la nacionalidad alemana para evitar el servicio militar francés. Cuando sus progenitores fallecen, obtiene el diploma de bachillerato y vuelve a su país natal para proseguir sus estudios superiores. Se inscribe en Sociología en Nanterre, donde destaca por su franqueza y por sus ideas anárquico-comunistas: en seguida es identificado como un agitador. Pero esto no enfría un ápice su entusiasmo y, durante la inauguración de la piscina universitaria en enero de 1968, interroga al ministro de la Juventud y de los Deportes, François Missoffe (1919-2003) acerca de la ausencia de cuestiones relativas a la sexualidad de los jóvenes en el informe recién publicado por el ministro (*Le livre blanc sur la jeunesse*, «El libro blanco sobre la juventud»). Se salva por poco de una expulsión, pero aun así, decide seguir su lucha y sigue siendo un activista muy dinámico.

En el mes de marzo de 1968, funda con otros estudiantes el Movimiento del 22 de marzo, para denunciar las atrocidades de la guerra de Vietnam y, tras varios altercados, se abre contra él una investigación judicial. El 2 de mayo, es convocado junto con otros siete estudiantes ante el Consejo Disciplinario de la Universidad de la Sorbona. Ante la agitación que crea este acontecimiento, el decano se ve obligado a apelar a las Compañías Republicanas de Seguridad (CRS por sus siglas, antidisturbios franceses). Figura emblemática y mediática de las huelgas estudiantiles del Mayo francés, se convierte en Dany el Rojo —en referencia a sus ideas políticas— y toma la palabra ante el micrófono de la Oficina de Radiodifusión-Televisión Francesa (ORTF) para declarar la ocupación de la Sorbona y exponer las reivindicaciones de la juventud. Para acallar al agitador, es expulsado a Alemania, tras la publicación de un decreto del Ministerio del Interior.

Mientras que las protestas se inician tras los horrores cometidos en la guerra de Vietnam, las reivindicaciones de los estudiantes se centran tanto en su condición como en la sociedad en general:

- crítica de la degradación de sus condiciones materiales;
- rechazo de la sociedad de consumo;
- denuncia de la rigidez del poder;
- voluntad de liberalización de las costumbres;
- lucha contra los valores tradicionales fijados.

La lucha continúa

Cohn-Bendit se instala en Fráncfort, donde continúa con sus compromisos con la creación del grupo Revolutionärer Kampf («Lucha revolucionaria») y con su participación en revistas anarquistas. Su orden de expulsión solo se levanta en 1978, gracias a una petición que inicia su hermano y que firman varias personalidades políticas.

Educador, librero y, más tarde, periodista literario en la televisión suiza, Daniel Cohn-Bendit no vuelve realmente a la escena política hasta 1984, cuando se inscribe en el partido Die Grünen (los verdes alemanes) y milita junto a estos. Sin embargo, escoge la ecología únicamente porque no acepta las derivas de la izquierda.

A pesar de una vuelta aclamada a la vida política francesa en 1999, 2004 y 2009, Daniel Cohn-Bendit no se presenta a las elecciones presidenciales de 2012 ni a las europeas de 2014. No obstante, sigue siendo un protagonista político importante que va alternando su papel de agitador, de anarquista, de libertario con tendencias marxistas y ecologistas, y que sigue comentando y criticando ciertos aspectos sociales y políticos.

MAYO DEL 68

EL MOVIMIENTO DEL 22 DE MARZO

Realmente, los acontecimientos del Mayo francés empiezan el 22 de marzo. Ese día, bajo la batuta de Daniel Cohn-Bendit, un centenar de estudiantes forman una asamblea general en la Universidad de Nanterre y crean el Movimiento del 22 de marzo. Se trata de un grupo de apoyo a Xavier Langlade (1946-2007), arrestado por haber atacado una sucursal del American Express junto a varios de sus camaradas como señal de protesta contra la guerra de Vietnam llevada a cabo por Estados Unidos.

¿SABÍAS QUE...?

Las acciones de Xavier Langlade en apoyo del pueblo vietnamita y su participación en los acontecimientos de Mayo del 68 despiertan en él el gusto por las protestas, puesto que, a continuación, se dirige a América Latina para prestar su ayuda a los movimientos revolucionarios. Fallece a causa de un ataque al corazón en la isla de Cuba en 2007, cuando acompañaba a su pareja, Léa Guido, de misión para la Organización Mundial de la Salud.

El movimiento crea una ola de agitación en la Universidad de Nanterre que obliga al decano a cerrar el campus el 2 de mayo. Daniel Cohn-Bendit y otros estudiantes que se encuentran en la raíz de esta agrupación son convocados ante el Consejo de Disciplina de la Sorbona. Al día siguiente, los estudiantes de Nanterre se dirigen hacia la capital y dan un mitin en el patio de la universidad. Pero las amenazas de posibles ataques de movimientos de extrema derecha encienden los ánimos. Entonces, el rector de la Sorbona intenta poner punto final a la efervescencia pidiendo a la policía que evacúe el edificio. Sin embargo, los estudiantes reunidos en las instalaciones consideran que esta intervención es un ataque y la situación deriva en caos.

Las fuerzas del orden están mal organizadas y no logran arrestar a todo el mundo. Las mujeres quedan libres y divulgan la noticia en el Barrio Latino (barrio estudiantil de París), donde la rebelión se extiende como la pólvora. La insurrección llega también a los institutos. La juventud ocupa las calles y los policías, sobrepasados, golpean indiscriminadamente a la multitud, sin hacer distinciones entre agitadores, simples civiles y automovilistas. Este estallido de la violencia no logra dispersar a una muchedumbre indignada ante tanta brutalidad. Un estudiante lanza el primer adoquín contra un coche de policía a las 17:30 del viernes 3 de mayo.

LA PRIMERA NOCHE DE LAS BARRICADAS

Tras este incidente, los acontecimientos se suceden y la tensión va *in crescendo*. El lunes 6 de mayo, cuando Daniel Cohn-Bendit y otros líderes estudiantiles son convocados ante el Consejo de Disciplina, se forma una manifestación de solidaridad en la capital que los CRS no logran atajar. El Gobierno se niega a abrir de nuevo la Sorbona. Cuatro días más tarde, el 10 de mayo, la policía recibe la orden de atacar y tiene lugar la primera noche de las barricadas. Se producen enfrentamientos violentos hasta el alba entre los CRS y jóvenes armados con adoquines y cócteles molotov caseros. Hay más de cien heridos y decenas de arrestados.

LOS OBREROS SE PONEN EN HUELGA

La ciudad de París se levanta el sábado 11 de mayo con un panorama caótico. El primer ministro Georges Pompidou, consciente de la gravedad de la situación, decide volver a abrir la Sorbona dos días después para permitir que los estudiantes hagan sus exámenes. Sin embargo, durante ese fin de semana, los obreros empiezan a simpatizar con la lucha estudiantil, ya que están indignados por la violencia que los policías muestran hacia los jóvenes. El lunes 13 de mayo, más de trescientos mil manifestantes desfilan en la capital, contra la burguesía y el capitalismo.

Ya a partir del día siguiente, los obreros de varias grandes plantas francesas se ponen en huelga, ocupan sus edificios y, poco a poco, paralizan todo el país. En la práctica, el primer paro de trabajo lo inician jóvenes trabajadores formados que no encuentran su sitio en las fábricas tradicionales y que quieren más consideración por parte de sus emplea-dores. Todos reclaman la mejora de las condiciones de trabajo, un aumento del salario y un cierto reconocimiento. Tras la Sorbona, el 15 de mayo invaden el teatro parisino del Odeón para transformarlo en un lugar de debate y de representación.

Fotografía del teatro parisino del Odeón ocupado du-rante las protestas de Mayo del 68.

FRANCIA PARALIZADA

Este movimiento de huelga, que parte de una simple revuelta estudiantil, va tomando cada vez más importancia y, rápidamente, se transforma en una reivindicación nacional. Respaldado por los sindicatos, alcanza la cifra récord de siete millones de huelguistas declarados el 20 de mayo. La expulsión de Daniel Cohn-Bendit, tras un decreto del Ministerio del Interior, reaviva los enfrentamientos y provoca una segunda noche de las barricadas. Debido a estos acontecimientos, el general de Gaulle aplaza hasta el 16 de junio el referéndum sobre la descentralización de los poderes y la reforma del Senado que desea instaurar desde hace varias semanas. Sin embargo, tras otra noche de enfrentamientos, los numerosos destrozos provocan que el movimiento pierda una parte del apoyo de la población francesa que, cansada de la inseguridad, acusa a los estudiantes de estar en la raíz de los altercados.

El 25 de mayo, la izquierda no comunista y una parte de la juventud dirigen sus miradas hacia Pierre Mendès France (político francés, 1907-1982), al que desean erigir como líder del movimiento estudiantil y portavoz de la juventud, pero este último rechaza el cargo. François Mitterrand, dirigente de la Federación de la Izquierda Demócrata y Socialista (FGDS, por sus siglas en francés), aprovecha la ocasión y, el martes 28 de mayo, propone la instauración de un gobierno transitorio de gestión. Este aseguraría la instauración de una democracia socialista y de un diálogo con los sindicatos y los estudiantes, y la elección de un nuevo presidente si de Gaulle llegase a marcharse después del referéndum del 16 de junio. Este anuncio causa sensación, pero también crea polémica entre los críticos de izquierdas, que denuncian un uso de sus ideas y de su revuelta con fines políticos.

LOS ACUERDOS DE GRENELLE Y EL FINAL DEL MOVIMIENTO

A pesar del ambiente tenso, Georges Pompidou logra que se firmen los Acuerdos de Grenelle el 25 y 26 de mayo, reuniéndose con los principales actores de las organizaciones patronales y sindicales. Estos obtienen un aumento generalizado de los salarios de cerca de un 10 % y una revalorización del Salario Mínimo Interprofesional Garantizado (SMIG) de un 35 %. El 27 de mayo, el joven secretario de Estado para los Asuntos Sociales, encargado del Empleo, Jacques Chirac (nacido en 1932) firma estas negociaciones de manera oficial. Sin embargo, a pesar del avance que representan estos acuerdos, no se desconvoca la huelga.

Es el general de Gaulle quien pone un punto final a este movimiento el 29 de mayo. En el centro del conflicto y objeto de numerosos ataques contra su Gobierno, desaparece durante un día entero para reaparecer únicamente por la noche en su casa familiar de Colombey-les-Deux-Églises. En realidad, ha ido a reunirse secretamente con el general Massu (1908-2002), comandante de la base francesa de Baden-Baden en Alemania. Esta reunión le permite expresar su desasosiego a Massu que, conocido por su franqueza y su aplomo, le devuelve la confianza y la esperanza para afrontar los acontecimientos. La parte conservadora de Francia, que de repente enloquece por este vacío político, apoya masivamente al presidente cuando este pronuncia al día siguiente un discurso en el que anuncia la disolución de la Asamblea con el objetivo de convocar elecciones anticipadas. Esa misma noche, medio millón de gaullistas se manifiestan en los Campos Elíseos para pedir una vuelta al orden.

Entonces, se retoma la producción en las fábricas de forma progresiva durante el mes de junio, a pesar de la negativa de la Confederación General del Trabajo (CGT) de Georges Séguy (sindicalista francés, nacido en 1927) de ceder a las propuestas del Estado. Pero los franceses están cansados de los altercados, de las huelgas y de los heridos, y retiran su apoyo de forma irrevocable a los militantes de izquierdas, ya que desean volver a tener una estabilidad económica y política. Por ello, se evacúa el teatro del Odeón en medio de una gran indiferencia el 14 de junio. La victoria aplastante de los gaullistas en las elecciones legislativas del 30 de junio traduce a la perfección esta necesidad reconfortante de paz y de tranquilidad que encarna el general.

Sin embargo, este último tan solo es un vencedor aparente en esta lucha, puesto que se ha abierto una brecha con una parte de la población, que ya no se identifica con su figura paternalista y autoritaria. En efecto, los acontecimientos de Mayo del 68 sacan a la luz un profundo desacuerdo y un gran distanciamiento entre la visión de la Francia jerarquizada del presidente y las aspiraciones estudiantiles y obreras.

REPERCUSIONES

UN PRESIDENTE CADA VEZ MÁS DESACREDITADO

A pesar de la victoria de la derecha en las elecciones de la Asamblea y del apoyo masivo de la población tras la «desaparición» del 29 de mayo, la imagen del presidente se ve empañada. Muchos franceses, sobre todo jóvenes, expresan abiertamente su desconfianza hacia la política de de Gaulle y cuestionan cada vez más su autoridad. Además, la dimisión del hombre fuerte de los acontecimientos de 1968, Georges Pompidou, del cargo de primer ministro despierta la incomprensión general. Debido a las críticas sobre su forma de gobernar, de Gaulle anuncia que si gana el no en el referéndum sobre las regiones del mes de abril de 1969, lo considerará como una reprobación y dimitirá inmediatamente.

El 27 de abril de 1969, cuando vence la respuesta negativa, de Gaulle publica un comunicado oficial en el que anuncia su salida. Alain Poher (1909-1996), presidente del Senado, garantiza la presidencia hasta las elecciones del mes de junio, que erigen como vencedor a Georges Pompidou, candidato de la Unión para la Defensa de la República. Por lo tanto, los acontecimientos de Mayo del 68 permiten que saliera a la luz un cierto malestar con el Gobierno gaullista y con la figura casi soberana que encarnaba el presidente. Esta crisis también genera una cierta desconfianza frente al comunismo, que *a posteriori* se considera como responsable de la huelga general y de sus excesos.

UNA SOCIEDAD TRASTORNADA

Esta crisis nacional acarrea importantes cambios en la sociedad francesa. Las reivindicaciones de los estudiantes, que predican la igualdad, la fraternidad y la libertad de acción, sacuden las bases de la moral francesa hasta el punto de hacer saltar en pedazos el código de valores ancestral que rige las buenas costumbres.

Cartel de Mayo del 68 en el que se lee la frase en francés «Mayo del 68, inicio de una lucha prolongada».

Lo primero de todo, se transforma el lugar de la mujer. A principios de los años setenta, esta adquiere un estatus creciente dentro de la sociedad y, sobre todo, dentro de la pareja. Aunque no puede aspirar a la igualdad con su marido, deja de ser considerada como una eterna niña pequeña. Después, toca cuestionar la figura paternalista y autoritaria del cabeza de familia. Más allá de estas evoluciones, el nacimiento del individualismo abre el camino a las reivindicaciones posteriores sobre la liberación sexual y el lugar del cuerpo, temas que también son centrales para el movimiento *hippie*.

EL LUGAR DEL HOMBRE EN LA SOCIEDAD DE CONSUMO

Esta sociedad cambiante encuentra en sí misma su propia contradicción, puesto que una de las críticas principales de las reivindicaciones del 68 carga contra la sociedad de consumo, cuna del capitalismo. Se admiran las innovaciones técnicas y tecnológicas, pero al mismo tiempo se señala el consumo excesivo, las falsas necesidades alimentadas por la publicidad y las diferencias inaceptables que se abren entre ciertas categorías de la población. Al hombre le cuesta encontrar su sitio en este movimiento y este dinamismo, dividido entre, por una parte, las ganas y el deseo que la publicidad y la multiplicación de bienes materiales despierta y, por otra parte, sus valores tradicionales que chocan contra la modernidad.

ESTUDIANTES ESTIGMATIZADOS

Las manifestaciones, la brutalidad y los daños generados durante los enfrentamientos entre los CRS y los estudiantes ofenden a una parte de la población. De hecho, se estigmatiza a los estudiantes por su acción y se los define como vagos, rebeldes y depravados.

Esta opinión severa demuestra un miedo real a los medios de acción que la juventud despliega para sacudir con fuerza la mentalidad de la época. Ciertos franceses conservadores, aterrorizados ante la idea de vivir nuevas penurias, perciben negativamente la intervención de estos jóvenes, soliviantados e incomprendidos.

Aunque estos estudiantes, a los que se unen mucho después los sindicatos, son mayoritariamente de izquierdas, no expresan claramente una pertenencia política en particular. No obstante, la opinión pública los califica de anarquistas, de maoístas, de trotskistas o de comunistas, lo que genera un profundo rechazo a todas estas doctrinas políticas. Al llevar tan lejos la revuelta y al predicar el cambio de las propias estructuras del Gobierno, han acabado perjudicando su causa.

LA HERENCIA DE MAYO DEL 68

Las conmemoraciones de Mayo del 68 han brindado la oportunidad de realizar el balance de esta revuelta y de comprender las numerosas herencias sociales. Además de los eslóganes, las imágenes de un Daniel Cohn-Bendit que desafía a la policía o los adoquines lanzados a los CRS, todavía subsisten numerosos ideales y reivindicaciones directamente heredados de esta crisis nacional.

El elemento central es, probablemente, el derecho a la huelga ampliado para las empresas, los estudiantes y los ciudadanos, así como el papel relevante que desempeñan los principales sindicatos. En efecto, estos últimos permiten que el movimiento se estructure mejor y tienen la oportunidad de expresar las necesidades de reivindicación de los asalariados sentándose en la mesa de negociaciones. No obstante, la difusión y la multiplicación de los sindicatos han llevado a su importante politización.

El lugar del niño en la familia teorizado por numerosos psicólogos y psicoanalistas, entre los que figura en primera línea Françoise Dolto (1908-1988), también es una de las repercusiones del movimiento. Sin olvidar el derecho al aborto o la Ley Simone Veil (mujer política francesa, nacida en 1927) de 1975 que deriva directamente de las luchas iniciadas para mejorar el lugar de la mujer en la sociedad.

Sin embargo, planea una sombra sobre este acontecimiento, que marca de manera importante a la opinión pública debido a la intensidad de la revuelta estudiantil. Todavía en la actualidad, cuando los estudiantes se ponen en huelga, son mal vistos por sus conciudadanos que temen nuevos desórdenes. A menudo, en estos casos, son tachados de rebeldes y de vagos, y no siempre se entienden sus reivindicaciones.

EN RESUMEN

1968

***Mar.*: creación del Movimiento
del 22 de marzo**

3 may.: intervención de los CRS para
dispersar a los estudiantes

10 may.: primera noche de las barricadas

25-26 may.: acuerdos de Grenelle

29 may.: desaparición del general
de Gaulle durante un día

14 jun.: evacuación del Odeón

***30 jun.*: victoria de los gaullistas
en las elecciones**

- Los acontecimientos que sacuden Francia en el mes de mayo de 1968 se producen en un contexto de malestar social ligado al desarrollo de la sociedad de consumo y al alza del desempleo. Los estudiantes ya no logran encontrar su sitio en esta sociedad dominada por la política conservadora del general de Gaulle, en la que no se reconocen.

- Las manifestaciones de Mayo del 68 también surgen por la oposición a la guerra de Vietnam y por la creación del Movimiento del 22 de marzo a manos de Daniel Cohn-

Bendit y sus camaradas. Pero la agitación que despierta esta concentración en el ambiente estudiantil provoca el cierre de la sección universitaria de Nanterre y el desplazamiento de cientos de estudiantes a la Sorbona, en el centro de París. Pero sus reivindicaciones no acaban ahí: se habla de su condición (denuncia de la degradación de sus condiciones materiales) y de la sociedad en general (rechazo de la sociedad de consumo y de la rigidez del poder).

- El 3 de mayo de 1968, la intervención armada de los CRS para dispersar el llamamiento a la huelga lanzado por Daniel Cohn-Bendit marca el inicio de los acontecimientos. Los enfrentamientos violentos entre la policía y jóvenes armados con adoquines y cócteles molotov caseros sacuden París, sobre todo durante la primera noche de las barricadas, que tiene lugar el 10 de mayo. Frente a la violencia desplegada por los policías, los obreros se unen al movimiento de huelga y de protesta y ocupan sus fábricas. Sus peticiones son diferentes a las de los estudiantes: aumento de los salarios, disminución del tiempo de trabajo, petición de reconocimiento, etc. Rápidamente, Francia se ve paralizada por las huelgas.

- La negociación social del primer ministro, Georges Pompidou, permite la firma de los Acuerdos de Grenelle, que garantizan una mejora significativa de las condiciones de trabajo de los obreros. Sin embargo, estos avances no terminan con la crisis. Habrá que esperar hasta la «desaparición» del general de Gaulle el 29 de mayo y a la angustia que despierta este vacío político para que se retome progresivamente la producción en las fábricas en el mes de junio.

- La victoria de los gaullistas en las elecciones de la Asamblea como reacción a los abusos cometidos por los estudiantes en el mes de mayo no es más que una pantalla de humo. La política del general se ve claramente reprobada durante el referéndum de abril de 1969.
- La crisis de Mayo del 68 genera profundas transformaciones en la sociedad francesa con el nacimiento del individualismo, y lleva a un cuestionamiento sobre el lugar de la mujer, la figura paternalista y autoritaria del padre y, más en general, el lugar del ser humano en la sociedad de consumo.
- Durante los hechos, la opinión pública estigmatiza con dureza a los estudiantes por la intensidad de los altercados. Desde ese día, los persigue una reputación de rebeldes y de vagos. También deriva de este acontecimiento un rechazo a todas las doctrinas políticas (comunista, anarquista, trotskista, etc.) asociadas a las reivindicaciones estudiantiles.

PARA IR MÁS ALLÁ

FUENTES BIBLIOGRÁFICAS

- Artous, Antoine, Didier Epsztajn y Patrick Siberstein. 2008. *La France des années 68*. París: Syllepse.
- Fauré, Christine. 2008. *Mai 68: jour et nuit*. París: Gallimard.
- Gobille, Boris. 2008. *Mai 68*. París: La Découverte.
- Institut Supérieur du Travail. 2008. *Les slogans de mai 1968*. París: s. n.
- Le Goff, Jean-Pierre. 1998. *Mai 68. L'héritage impossible*. París: La Découverte.
- Loyer, Emmanuelle. 2008. *Mai 68 dans le texte*. París: Éditions Complexe.
- Rotman, Patrick. 2008. *Mai 68 raconté à ceux qui ne l'ont pas vécu*. París: Éditions du Seuil.
- Souchier, Emmanuel y Marc Ferro. 1988. *Mai 68*. París: La documentation française.
- Tarnero, Jacques. 1998. *Mai 68. La révolution fiction*. Toulouse: Les essentiels Milan.
- Touraine, Alain. 1980. *Le communisme utopique. Le mouvement de Mai 68*. París: Éditions du Seuil.

FUENTES COMPLEMENTARIAS

- BnF, "Esprits de mai 68". Consultado el 29 de enero de 2017. http://expositions.bnf.fr/mai68/
- Ina, "Mai 68". Consultado el 29 de enero de 2017. http://www.ina.fr/recherche/search?search=Mai+68&x=19&y=18

FUENTES ICONOGRÁFICAS

- Retrato de François Mitterrand de 1984. La imagen reproducida está libre de derechos.
- Retrato de Charles de Gaulle en 1961. La imagen reproducida está libre de derechos.
- Retrato de Georges Pompidou en 1969. La imagen reproducida está libre de derechos.
- Retrato de Daniel Cohn Bendit en 1968. La imagen reproducida está libre de derechos.
- Fotografía del teatro parisino del Odeón ocupado durante las protestas de Mayo del 68. La imagen reproducida está libre de derechos.
- Cartel de Mayo del 68 en el que se lee la frase en francés «Mayo del 68, inicio de una lucha prolongada». La imagen reproducida está libre de derechos.

PELÍCULAS Y DOCUMENTAL

- *Mai 68*. Dirigido por Gudie Lawaetz y Jérôme Kanapa. Francia: 1974.
- *Adieu de Gaulle, adieu*. Dirigida por Laurent Herbiet, con Pierre Vernier, Didier Bezace y Frédéric Pierrot. Francia: 2008.
- *Nés en 68*. Dirigida por Olivier Ducastel y Jacques Martineau, con Laetitia Casta, Yannick Renier y Yann Tregouët. Francia: 2008.
- *Après Mai*. Dirigida por Olivier Assayas, con Lola Créton y Clément Métayer. Francia: 2012.